MUZA DES - COMPUSĂ

Poezii și ilustrații de Eva Halus

Muza des-compusă
Poeme 2013-2014

Autor: Eva Halus
Ilustrații: Eva Halus
Ilustrații coperți: Eva Halus
Editor: Ioana L. Ene

COPYRIGHT 2015 © REFLECTION PUBLISHING

Reflection Publishing
P.O. Box 2182
Citrus Heights, California 95611-2182
E-mail: info@reflectionbooks.com

www.reflectionbooks.com

ISBN: 978-1-936629-39-8

Prima Ediție

Tipărită in Statele Unite ale Americii

printr-o   poezie

zu-   gră-

vești   în cu-

vinte o   imagine.

Printr-o pictură metamorfoze-   zi în culori și forme o poezie.

Văd pictura ca un fluture care întâl-   nește mii de fluturi, iar poezia o văd

Ca mii de aripi de fluturi scutu-   rându-și polenul pe hârtie... Pentru

Că   mi se pare

F O A R T E V E S E L

Să   pic   tez și

F O A R T E   T R I S T

SĂ   SCRIU...

.

.

.

.

Ecce Homo Pictura Poesis

Cuvântul autoarei

Scrisul poeziilor acționează ca un screen-saver pentru memoria mea, pentru a păstra, de fapt, într-o zonă a metaforei, forma gândului, urmând geometrii la-ndemână. Nu sunt singura care scrie și se inspiră din natură și din tema dragostei, dar mi-am făcut din asta un obicei care se pliază după aceleași geometrii ca modelele mele, in toate ramurile vieții. Un fel de a fi laolalta cu natura și fenomenele care mă fac fericită. De aceea, nu obosesc să scriu câte 10 poezii de primăvară, câte 20 de poezii de iarnă și câte altele despre dragoste... Cât despre capitolul închinat altor artiști și artei lor, acesta cuprinde incursiunile mele în istoria artei și literaturii, în această mare familie de artiști și pictori, care se întinde peste veacuri.

Ilustrațiile care însotesc unele poezii, urmează și ele geometria intimă a cărții, construind oglinzi pentru a vedea poeziile așa cum mi le-am închipuit.

Titlul cărții, «Muza des-compusă», este un joc de cuvinte. «Descompusă» devine «des-compusă», adica compusă des. Muza des-compusă nu este alta decât Poezia. Cartea pornește cu prima poezie care-i poartă titlul, scrisă de data aceasta ca «Muza descompusă» - ființa care a fost Muza altora și care simte că începe să se fragmenteze, fiind neglijată. Însă, ea devenind des-compusă (compusă des), renaște prin insăși materia ei, poezia. Aceasta carte «Muza des-compusă» nu este altceva decât o serie de fragmente de imagini, sentimente și imaginație, secondând de aproape modelele ei: natura, dragostea, urmând îndeaproape modelele naturale ale gândirii poetice...

Eva Halus, Montreal, 18/01/2015.

4

Începuturi

Muza descompusă

Nu-mi sfărâma amintirea,

Ea era o roză care se-arăta dimineața

Și s-acorda cu lumea la prânz

Difuzând o lumină aurie

Din arcușul unui divin gând.

Nu-mi sfărâma memoria

Înecată într-o lume pustiită

În care n-ai pus piciorul de mult timp,

Într-o comă globală

Din care cerem paharul de apă

Care vine gol câteodată.

Nu-mi sfărâma mâna dreaptă

Care-a cârmit împreună cu tine

Prin pânza deasă a realității

Rare cărări de vise-acum desperecheate.

Nu-ți descompune muza

În bucăți întinse unora și altora,

Eu voi fi pururea foc, aer și apă

Doar lutul acesta mă ține de lume ferecată.

Poveste

(României, din depărtări)

Încremenite poveri

Cu flori bătute de ploaie

Arborii zvântă

Şi iarăşi apare

Printre pogoare

Iureş de soare.

Albia râului umple

Matca de ploaie

Malurile se surpă

Şi-n risipire de şuvoaie

Umbrele apar şi dispar -

- printre ghimpi dantele de fluture

Bătând iarăşi aerul iute.

Pe coasta dealului

Maria zvântă rufele

Nu mai e niciun om

Să cheme din fluiere

Să cânte o doină

Ca Domnul să-i mântuie.

Aici este iarnă

Numai eu zic o vorbă

Din cartea deschisă-ntr-o doară,

Cum cu un ochi îmi e somn

Iar celălalt treaz

Cată la povestea de primăvară

De pe-acel meleag.

La pagina cetită,

Pe-o cută ivite

Sute de catarge stau

Visul meu-dorinţă

Să-mplinească-n gând

Cum port dor de-acel pământ

Departe cum sunt...

În portul lor de-aş ancora

Măcar prin cuvinte...

Suflet de român

Existența e trecătoare...
Dar sufletul ce bate-n pieptul meu
E mai tare, mai liniștit
Și-i chiar o floare...
Care o port în sân de sărbătoare.

Plecat printre străini
Eu nu mai știu ce formă are:
E-un trandafir, o Gura Leului
Sau e o floare tropicală?

Și nimenea n-ar ști cum ea se cheamă...
Dar când ascult dus cu gândul
Vorba dulce de român,
Ea-mi sare-n piept
Și-mi spune mie că se cheamă
Floare Albastră de Nu-mă-uita
Din depărtări, din țara mea!

Țesând prin poezie o ie-straja unui suflet
Din fir de borangic și fire-alese
De prin buchetele purtate de crăiese

Din păduri adânci, cu ierburi dese
Îţi zic: Nu-mă-uita! Căci şi eu sunt
Istoria ta ce se-ntreţese.

Mă opresc şi strig spre-nalturi:
Dulce, vorbă românească,
Ea-mi spune mie că se cheamă
Floare Albastră!

Lamentație

Scormon ca o cârtiță oarbă

În sacul amintirilor.

N-am vești foarte bune:

Lucrurile ce trec

Sunt lucruri ce mor

Și-ncep a veghea la capul lor

Uimit și copleșit:

Speranța de-a supraviețui întreg

E-un mit.

Dragostea e ca poezia

Și poezia e o serenadă.

Descult, un chipeș bard

A ieșit în stradă,

Lovindu-se de trecători în grabă.

Mai bine-o duc cei

Ce nu cântă,

Ci doar urmează

Actul amorului canonizat

Într-un serai de ceară.

Veșminte scurte are poezia
Ce-mbracă al poetului nimb
Ca pe-un copil de stradă.

Acel sărman copil
Ce-i roagă pe parinți
Să-l țină iar cuminte
Când lumea dă năvală.
Și-acel prieten adevărat
Care-i jurase veșnicia
Plecat orbecăind, mai departe,
Dezlegând mutește cununia.

(Acum nu-mi fac decât un bine:
Cu tâmpla sprijinind un măr
Contemplu viața asta-n adevăr...)

Numai Măiastra mâna a Naturii
Trimite rezonanțe pure
Poetului: și-l înveșmântează
În straiul liber-azuriu
Al stelelor și cerului,
Lăsându-l pe acest copil sărman
Înveșmântat în cel mai bun costum
De-Adam.

Mişcări agile şi uşoare

Cum i-e şi pana

Îl transced şi el

Se duce odată cu gândul

Deschizând pe rând Portale.

Transfigurat, el o porneşte înainte.

Cârtiţa oarbă ce era

Când se uita în urmă-i peste umăr

În vraful vrăjit al amintirii

E-un fapt trecut şi trecător

El merge înainte!

Epilog

Al său destin transfigurat

Din stele şi maree adunat

Îl ţine-n frâu şi biruie înţelepciunea

Când amintirile ce le credea scrum

Îl învaţă că pe drum

Să nu uite-mpărăţia

În care, cu grijă adunate

Memoriile se întreţes

Cu-armură antică din toate

Fără a fi răsfoite, răsturnate.

Oda tăcerii

Odalisca îngălbenită de timp
Ridicată undeva într-un crâng, unde eu nu mai sunt
Izvorăște din ea primăvara -
- fire de iarbă din gând.

În crâng copiii se joacă râzând
Din ochiul meu înmărmurit de piatră
Curge o lacrimă-izvor de apă
Și aș vrea să râd la râsetele lor
Din simțirea mea și pietrele dor.

Numai vântul și soarele
Îmi caută poezia
Luminând umbrele marmurei
Strecurând licurici pe venele de piatră
Spre-nserat.
Toți ceilalți ce-au fost
Purtați în sufletul meu și-nvățați pe derost
În crângul ce-anină luna
Nu mai descind când cade bruma.
Numai un țipăt de pasăre singură
Curmă misterul tăcerii și-al nopții, deodată
Amintind lumii că și făpturile ce tac
Au în adâncuri izvoare nesfârșite de viață.

Dorința

Acostează la țărmul primăverii

Ce se-ntinde sentinelă la iubirea ta

Împodobită cu straie de iarbă și lumină.

Chiar de va cădea o stea

De colțurile crizantemelor se va prinde

Renăscând o galaxie

Doar stăpân de ar avea...

Dar tu te lupți încă cu lupii iernii

Ce limbile iși scot printre dinți de troiene.

Acostează, iți spun, fii iarași copil

Căci vine primăvara alene

Ca o curtezană ce-apare fără de teamă

Că lumea o s-o ia la fugă cu pietre, prietene.

Graurul în vechi grai cântă

Răgușit de-atâta boare

De-i răspunzi numai să știe

Că în lume-i poezie.

Este primăvară iară!

Ora poveștilor

Cuminte ora mă-nfășoară
Într-un fuior ușor de-aramă
Ca printr-un somn mă-ndeamnă
Să și zâmbesc, să râd
De-așa povești ce mai aud.

Nu mai sunt mic, dar parcă
Urechea mi se pleacă încă
La frumoasele povești
Cu eroi (de azi) ce au curaj
Și la frumoase-odrasle -mpărătești
Ce au noroc cât acul mic
Ascuns în fânul din căruță
La care trage-un măgar ponosit
Ce noaptea se preschimbă într-o stea ascunsă.

Culeg povești trunchiate
De azi și de demult
Și le înșir într-un mărgăritar pe toate
Așa cum ele sunt,
Perechi, perechi,
Între mătănii adunate
Mătănii fermecate.

Ce boabe aromate curg
În ora cuminte de demult,
Cum eu ascult cuminte
Cum îmi aduci aminte.

Cugetare pe marginea timpului

Timpul de trece
Eu mă țin dreaptă în secunde
Când îmi mătură casa
Cu ore năvălitoare
Sau plăpânde.

Încerc să țin pasul
Acestui val uriaș
Care mă trezește dimineața
Când toate se pornesc pofticios
La viață.

Nu-ntrezăresc decât cerul la prânz
Lumea-i plecată la târg
Și soarele bate în geam
Nu-mi vin gândurile noian,
Numai o liniște adâncă
Și panică: sunt oare atentă?
Percep numai liniștea
În care mă-nfășor
Nimic altceva, parcă mor...

Doar seara cu reflexe violete
Apărute-n gene și sprâncene
Când mă eliberez de...«lenea»
Latentă din creier
Mă face să mă joc
Sprințar din condeie
Cu timpul fluturând spre stele
Spre stelele-mamele mele.

Madona

Madona, grație divină
Sub pasul tău stau norii
Și sub nori, pământul,
Furtuni de iscă vreo gâlceavă
Tu le calmezi cu aura-ți senină.

Nu știu din care inimă
S-a scurs albastrul trandafir,
Te rog pe tine, ține-l bine
În pieptul de profir.

Știu înca încotro merg pașii,
Dar nu știu când, de ce se-opresc
La ce mulțime adunată
La poala cărui munte sfânt, dumnezeiesc.

Madonă, grație divină,
Mi-așez în culcuș noaptea perna, senină,
Ca-n somn eu să dorm, dar sa fiu trează
La semnul tău divin ce radiază.

Tangenţe

Mimeaza apusul

Şi paşii se vor pierde

Pe plaja Tenerifei

Portocale purtând în noapte

Mimând sorii cu miros de citrus

Desfăcuţi în şoapte de urări

De Sărbători de Sfinte Datini.

Tangenţial cu tine

Sunt eu, Isus,

Şi ne-ntâlnim purtând în inimă

Lumina pe lume, în ceasul spus.

Mărțișorul

Alb Martie trece călare
Cernind viscol și ninsoare
Fire roșii de măceș
Împletite la ferești,
Cine știe să scoboare
Fire roșii pe ninsoare
Împletind lunii cununi
Mărțișor din Moși Străbuni.
'Nzăpeziți noi nu aflarăm
Că în jur e primăvară
Numai câte-o păsărică
Vine-n zbor, fără de frică
Și strecoar-un ram înflorit
Într-un pom chiciurit.

Soarele nu se arată
Vine-n Mai, așa, de-odată
Când mugurii taie alei
Prin oraș; ieri nu-i vedeai
Azi sunt plini de viață, hei!

Deocamdată este pace
Liniște zăpada coace
Între degete flăcăul ține
Un coșar, el știe bine
Să i-l dea lui Cosânzeana
Cu dorința: Să ia seama!
Lui să-i dea gurița dulce
În aprilie, pe vârf, la Cruce.

Aprilie

Aprilie jucăuş bate la geam
În faţa lui stau; pe faţa mea trec
Raze de soare, umbre de nori şi ninsoare
Cu repeziciune, cât ai bate din palme.

Am pe faţa chipul lui Aprilie –
O mască ce râde şi plânge
Cu soare şi argint amărui de zăpadă
Contenind doar în somnul fără vise
Din care mă trezeşte nevinovat un pescaruş
Ce caută locuri înalte şi limpezi
În cer, printre vapoare de nori
Ţipând deşteptarea în somnul meu
Lipit de cer.

Aprilie bate din aripi
Şi peste faţa mea
Urmele aripilor se desfac
Într-un evantai care tresare încordat
Batând timpul lent, repede, sacadat
Până într-o bună zi când
Soarele se va elibera din chingi
Şi va izvorâ lumina în evantai
Mângâind cu căldura colorată natura
Timpul înflorindu-i aura,
Natura trezită din somn
De ţipete de pescăruş.

YOGA

Arborele

Cotiledoane înverzite
Cupe-nflorite cu volane roz-
-Pavilioanele urechilor ascuțite
Ce cresc direct pe brațul lemnului lis
Ce seva răcoroasă a închis.
Sensurile dezamorțite
Și totuși stând nemișcat, într-o rugă
Spre soare
Spre ochiul de cer îngăduitor.

Acum, meditez că sunt un copac,
Îmi cercetez sensurile
Îmi cercetez ramurile.

Copilul

Înăuntru, în universul uterin,
Copilul creşte
Şi vine pe lume în chin,
Cum stă ghemuit
În poziţia fetală
Înfăşurat în plasmă,
Hrănit prin embrion,

Aşa şi eu, când lumea dă năvală,
Când meditez că lumea e normală
Iau «poziţia copilului»
Privesc lumea senin
Ca şi cum n-am venit pe lume în chin.

Cum stau ghemuit
În poziţia fetală,
Peste mine trece-un semn
E Dumnezeu care porneşte lumea
Înconjurandu-mă de plasma-aceasta,
De bine şi de rău.
Dar el ar vrea ca în balans să ţin
Acest marasm de toate plin,
Iar eu ca un copil am stat
În corp şi minte luminat.
Şi tot ce văd e numai bine
Din tot ce vine peste mine.

Trasee

Uneori pielea îmi luceşte ca şi cum

Mii de stele îmi străpung porii,

Atunci aş vrea ca braţul meu

Să întâlnească un alt braţ.

Uneori ajung la stele

Ca în somnul unui faraon,

Atunci aş vrea ca cerul

Să fie doar un alt ochi.

Uneori în paşii mei

Simt un foc,

Atunci îmi amintesc

Cum am călcat pe urmele paşilor lui.

Floarea de Lotus

Plutesc pe apele albastre

Mari flori de Lotus –

Cupele lui Buddha spre infinit

Vor să se-anine poate-n cer…

Dar, priviţi lacul!

Aninate-n lac,

În oglinda apei întoarsă spre cer

Crează dualitatea primordială

A apei şi cerului,

Pline de mister.

Plutesc pe apele verzi

Mari flori de Lotus

Pe ochiul lacului ce priveşte invers

Pe marginea adâncurilor verzi

A ochiului lui Buddha în visare.

Plutesc într-o realitate în vers

În «Lotus»

M-am întors din Timp

Ca să ofer senin

Fiinţa mea în «Lotus»

Potirului tău Divin.

Salutul Soarelui

Bună dimineața, Soare!
Sunt o floare-a soarelui

Bună dimineața, Soare!
Solii pământului
Cu plecăciune, ne ridicăm
Să-ți salutăm fața
Și să-ți urăm
Bună dimineața!

Bună dimineața, Soare!
Sunt o floare-a soarelui

Floare aspirantă
Către soare
Dintr-un câmp lung, oblic
Cu capete galbene de soare.

Pălăriile noastre se pleacă în linie dreaptă
Apoi izbucnim înainte: Bună dimineața soare!
De câtă forță are nevoie un fir de iarba
Pentru a ieși cu capul la soare?

Flori aspirante
Suntem noi, umăr la umăr
Crescând, salutând,
Umplându-ne plămânii de viață
Într-un câmp lung, oblic
Cu capetele galbene de soare.

Pădurea

Torente verzi

De mai auzi

De mai crezi,

Balsam dulce

Pentru un suflet şi un trup

De la drum şi depărtare ostenit.

ˋ

Cântă din frunză

Sufletul meu

Atunci când în linişte trec

Prin pădure încet.

Cântă păsările

Şi de le auzi

Te vindecă.

De mai vezi

De mai auzi

De mai visezi,

Îţi creşte şi ţie o Aripă!

La prima-nmugurire

(poem pagan)

Te simţi ca o nuia unduind
E primăvară! Simte-te ca un copac înflorind
Cerând numai aer, soare şi apă;
Natura, zeiţa reînvigorată
Îţi va pune doi bujori
În obraji şi printre degete
Va pieptăna ierburile verzi
Cu pale de vânt jucând
Şi vânând mugurii de chihlimbar.

Ca din doua tulpini
Cresc senini doi muguri
În ochii tăi brun-de-alun.
Mai stai un pic pe loc
Respiră adânc, fă loc
La primăvară, să mai pună un boboc
Şi-n sân, cu mirodenii şi parfum.

Şi nu-l uita pe Cupidon
Ce bate din aripi, parcă firav
Ascuns la catu`ntâi.
I-e tolba plină de săgeţi
E neastâmpărat, dar cu temei!
Te-a şi ochit, dar nu ofta!
Lumea acuma e a ta!

Luna Mai

Vine așa, de-o dată, dimineața
În clinchete mai dulci de potire
Din care zorile băură răsăritul
Cu straie de muguri ce-nvăluiră
Într-o clipă mai dulce privitul.

Coboară în zumzet de viața
O rază mai caldă
Și florile ascunse în frunze
Scot timid capșoare de zâne
Cu fețe curate și blânde.

Din fire pornesc deodată
Graiuri multe de păsări împânzind orizonturi.
Stoluri de gâște se rotesc în cer
Căutând din nou pământuri.
Îmi fac din nou rugăciunea în gând
Mulțumind Domnului Sfânt.

Crâmpei de peisaj sălbatec

Deluroase spinări

Pe marginea apei, tăcute,

Ce alte poveri au cărat

Decât a amintirilor ce n-au vrut

Să asculte?

Dealuri spinoase în jur

Cu spini de trandafir sălbatec

Unde noi ne făcuserăm cărări

Printre spinii pasiunilor

Arși de soare de jăratec.

La marginea apei

Ne privim tăcuți,

Traseele degetelor reînvie

Trasee de mult uitate

Pe spinările ce n-au cărat

Decât povara unui amor,

Al dealului ce ne stă în spate.

LILLE

Primăvara

Într-un iureș de viață
Ce limbi de vânt frugar înhață
Crengile bătrâne, noduroase,
Crengi încă bune să-ntemeieze
Un leagăn parfumat de floare
În cinci petale, cu nimb ușor
Ce l-a urzit o vrăjitoare:
Natura cu fior de soare.

Într-un iureş de viaţă

Încep să plesnească mugurii

Rozalii-miracolele primăverii,

De unde au plecat şi unde vor veni,

Stârnind stihii de frunze şi boboci de parodii.

Într-un iures de viaţă

De unde au plecat şi unde vin,

Au coborât azi pe aleea din faţă

Scuturându-se puţin.

Apoi, pe seară, un grădinar tăia poteci

În florile de cireş risipite în valuri.

Strângea-n mormane cu grebla florile roz

Şi le-aprindea cu-amnarul:

Parfumul lor pluteşte lin,

Se risipeşte-n valuri,

Mie, prescris ca un destin,

Ca să nu uit de unde vin,

Când Primăvara-nmuguresc

Sub albăstriul scut ceresc.

Şi-apoi să mă afum,

Călătorind cu gândul lin

Spre un alt tărâm

Înmiresmând cu iz de flori

Al meu nou drum.

Allegro

În pași mărunți dansează vântul
Prin cireșul în floare.
Dedesubt, pe dale albe
Scuturați, bobocii își așteaptă rândul
La un vals, ca într-o sală
De palat, unde vântul muzicant
Printre oaspeți se strecoară.
Din loje, păsările îi țin isonul
Cu triluri lungi-clarinete și oboaie
Iară domnul trandafir, împărat peste-un tufiș
Ține mâna-nmănușată a prințesei de aici,
Mângâind-o părintește cu frunze de chihlimbar,
Promițându-i multe voaluri din petale
Ca s-ascundă, vara asta, de căldură
Nimbul ei mic, diafan.

De aici și de acolo
Sare-un greier cu-n toiag:
"Pe mine nimeni nu m-a invitat la soare
Și am nevoie: un picior mă doare.
Cum toți petrecăreții m-au uitat
Eu îmi iau tălpășița și vă spun Adio!"

Și-ntr-un salt s-a înhămat
Pe-o pală de vânt ondulat
Chiuind și-ndesându-și pălăria (păpădia).
Hăt departe a zburat,
Din grădină în grădină,
De ai lui de mult uitat...

Butaşii de trandafir

La capul lor s-ar fi bătut în săbii
Doi împărați îndepărtați:
Vântul de Nord şi Vântul Deşertului Arid.
Şi astfel butaşii ar fi crescut tăiați
De gândurile aprige
Memorate în culoarea sângerie
A fibrelor
Amestecată cu culoarea verde
Ce stă tandru, dar stingher
La poarta primăverii.

Venit cu primăvara, un înger de mă cere,
Îngenunchiind, Eu şi El,
La rădăcina acestor butaşi de trandafir,
Mâinile noastre s-ar întâlni
Înainte de a se atinge
Şi apoi ar alerga pe tijă,
Fluturând adieri albăstrii
Din sângele nostru vărsat pe spini
În jurământul de frați de cruce.
La capul lor se bat şi azi cu săbii
Copiii. Când roşul trandafir
Îşi va fi arătat obrazul
În vara ce va scutura ploi
Şi va ridica talazuri
De ierbi şerpuitoare-visătoare,
Celălalt, un boboc lângă el înflorit
Îi va da o dulce sărutare
De frate de cruce, de înger ce aduce
Alinare.

Blues

Un dans cu norii de-alabastru

În albastru-nalt, zidit de ochi şi de ocean,

Unde abea zăresc catarge-n şir indian,

Şirul de rar mărgean al zilelor noastre

În care cântă blues-ul momentan.

O ceașcă de porțelan grefată

E.V. pe policioara nou pictată,

Mă-ntorc la țărm ca să mai beau

Cafeaua neagră, în ritm de blues de altă dată.

Și-oceanul cerul soarbe,

Rând pe rând norii călători

Se topesc vaporoși în mare

Reciproci, monotoni,

La fel ca blues-ul din amvon

Cu timpi scurgându-se înceți,

Pe toarta ceștii, între cafea și biscuiți.

Zidul de cărămidă

Zidul drept de cărămidă
Roșcată, în plin soare,
Botezat «Canionul sfârșitului de zi»,
Deasupra cerul liber-oceanul de aer
În care zboară plutind ciocârlii.

Eu stau întinsă în cameră
Și contemplu aceste depărtări
Ba aproape, ba departe,
În barca mea de iluzii și păreri
Strunită la mal, ornamental,
Între pereții cu tapet
Ce creează web-uri de ierbi
În care m-am încâlcit desuet.

De pe zid, din când în când,
Colțurile unui afiș bat în vânt;
Va fi «Sting» la Champs Elysée
Iar ciocârliile se lasă-n picaj,
Parcă le aud strigând:
«Sting!», «Sting!».
Dar eu voi fi de mult departe,
Într-altă zi și altă noapte
Dusă de cerul liber-Oceanul
În care voi zbura plutind cu deltaplanul.

Scarabeul

Îl purtam într-un batic
Cât se poate de antic
Din Egipt, într-o picătură de rouă
Montată într-un inel de-aramă.
Îl purtasem pe două continente
Și venise din Cairo, având încă încrustat
Nisip auriu din deșerturi.
El fusese poate purtat de catre Nefertitti,
Iar la mine a venit
Așa cum zeii au dorit: cu noroc
Și noroc îmi purta
Scarabeul de argint.

Ajunsă în grădina ta
Cu baticul împrejur
Într-o clipă m-am gândit
Să îi dau o nouă viață
Scarabeului, port-bonheur-ul meu de fată.
Și l-am pus pe-o frunză lată
Suflând peste el o pală de adio,
Iar el, pentru prima dată
De la Nefertitti peste veacuri
Până-n poartă,
Aripile și-a întins lin
Și sclipind în soare
A zburat... spre inima ta! cu candoarea,
Ce-o purtam la gât în voaluri.
După cum spun zeii antici:
Cu solia lor purtată în batic până aici.
Tu mi-ai fost sortit!
Fii binevenit.

De aur

Nu mai am decât o bijuterie:

Răbdarea - brățara mea de aur.

Răbdarea e brățara de aur

Sclipește când afară sunt nori,

Luminează răcoroasele încăperi

Și încălzește frigul ce cucerește

Inima mea pe acest pământ efemer.

Dacă plouă, vei sclipi,

Dacă-i soare, vei hoinări...

...Mai am o bijuterie:

Puterea mea de aur

Pentru a păstra răbdarea:

Va sta cu mine, oricum va fii vremea

În încheieturile mele ferme

Care nu eliberează îngerii

Ci îi ține aproape de suflet

Pentru ca ei, răbdători, introvertiți, să răsufle

Libertatea ce altfel e pe ducă.

Petrecere cu sangria

Cerul alb se grizonează

Lămpile de stradă încet se-aprind

Din`naintea licuricilor ce blând cuprind

Inimile noastre ce dansează.

În ritmul gramofonului de altă dată

Ținând în mâna-nmânușată un pahar

Iar cealaltă, cu-n gest galant, o țigaretă,

Coboară doua trepte și suie-apoi o treaptă.

Ești tu însăți, în extaz ca altădată!

Sangria pentru toți! Ciocnim pahare

Noaptea e limpede, în aer e răcoare

În fundul grădinii, silueta ta

În rochie albă, e încadrată de licurici

Din cap până-n picioare;

De vin amețit, am crezut o clipă

Că zăresc Fecioara în criptă

Cu beculețe luminate conturându-i făptura cuminte.

În ritmul gramofonului de altă dată

Coboară două trepte și suie-apoi o treaptă.

Sangria pentru toți până în zori

Când sangria se va revărsa la răsărit dintre nori.

Marea Nordului la Malo les bains

Pe buze simt marea

În cristale mici de sare,

Mă plimb pe o linie dreaptă

Paralelă cu orizontul

Și-ntre noi trec valuri.

Marea a plecat la plimbare:
Refluxul o atrage dupa luna
Ce nu răsare
Aflată la celălalt capăt al pământului
De unde dirijează încă valurile
Și-i spune mării cum s-apară
Albastră-gri în poezii.

Poetul se plimbă pe mal
Și marea îi suflă la ureche
Melodii ce luna le-ar fi ascuns de el
Oricât de visător poetul ar fi
Și pe «undă».

Pe mal trece o fată,
Marea-i spune ei
Cum să fie adevărată.

Pe mal trece un copil
Și Marea îi cântă lui
Un cântec de leagăn.

Pe mal trece un tânar cu ochii albaștri,
Iar Marea-i arată
Adâncurile și talazurile înalte.

Pe mal trece poetul
Și marea i se dezvăluie ca o făptură
Ce știe să râdă și să plângă.

Pe mal trec și eu
Și văd anii care-au trecut
În culoarea verde a mării care se tulbură.

Fontaine du parc de maria Luisa Sévi

La fântână

Apa curge Sonoră
Străpungând verdele transparent al pădurii
Cu miriade de stropi în aureolă.

Un porumbel se așează lin pe ghizd
Însetat de poezie, îmbătat de căldură,
Maria, cu vene albastre de statuie,
Plecată spre apă, într-o rugăciune,
Îi înșiră câteva boabe
Ca de poezie, însetată,
Transparentă, pe marginea fântânii.

Pădurea ține pe umăr o aripă
Verde de smaralde lucind calde
Cu care-i ridică aproape de inima ei
Într-o feerie.

47

Matrița vieții

Daca ar fi ca totul sa fie făcut
După un calapod, atunci
Ia Oceanul ca măsură:
Matrița vieții.
Daca adaugi peștii
Și bărcile de pescuit ce i-au vânat
Și corăbiile ce l-au navigat
Descoperi lecția de supraviețuire ce a urmat.

Dacă pui marea în balanță
Cu luna și cu soarele,
Imposibil să nu descoperi și pământul
Pe care este marea: Terra.
Daca adaugi la mare
Toate fețele care s-au perindat
Pe plajele ei,
Imposibil să nu descoperi Lumea.

Marea explică totul,
Așa cum și fiecare piatră, ou sau om
Explică prin existența lor
Totul.
Un singur lucru nu se explică:
Unde am pierdut urma ta, iubitule?
O verigă lipsește -
Întotdeauna a lipsit o verigă...

...Dar cu tine nu-i simțeam lipsa
Ci împlineam sensul Universului.

Paradiso Noir

De pe pământurile franceze

În tandem și cu dileme

Mă întreb cât va fi ceasul

Când la Second Cup

Voi bate la ușă:

Montréal, cu gușa plină de povești,

Salutând o nouă rutină,

Într-o nouă dimineață,

Cu un soare cald pe piață.

Paradiso Noir voi cere

Și voi badijona ceașca cu miere.

Și de fapt, unde-i Paradisul?

Sau, de fapt, Paradiso Noir

De unde vine? Credeam Franța sau Parisul

Însă vremea-mi spune:

Este astăzi pe oriunde!

Totuși, foarte conștiincios

Eu mă-ntreb și de-i cu folos

Să îl cer`napoi la mine,

Paradisul, hm, îmi vine bine!

Second Cup, de dimineață,

Montréal, ploaie sau ceață?

În oglindă

Din ce în ce mai stingher

În fața oglinzii nu cunosc

Unde privesc ochii mei

De un albastru închis.

Mă-ntrezăresc desprinsă de origini,

Mărșăluind pe poteci

Ce se abat din ce în ce mai mult,

Desprinsă de trupul tau,

De nu-ți mai port grija în coada ochiului

Acum golit de plăceri.

Mă-ntrezăresc desprinsă de oglinzi

În ceruri pătrunse numai cu ochiul minții,

Lipită de cer, trăind acum

Pe movila de reziduuri ale vieții.

Portrete de artiști

Vis și meditație

(lui Nichita Stănescu)

Privesc în ochiul albastru
Vreau să ajung sus, să mă ridic,
Dar toate tufele, plapumele, mesele
Încearcă să mă-npiedice să urc
Și numai ochiul meu albastru
Se poate dezlipi de la mine
Și lipi de ochiul cerului senin.
Năuc de-atâta încordare
În lanțurile care mă strâng,
Aș vrea să chem la mine un zeu
Ca să privească din ochiul meu cel stâng
Iar el să se dezlipească de la mine
Și cu ochiul meu blând să călătorească,
Eu funia ruptă în urmă lăsând
În înălțare după zeul meu cel blând
Cu șirul indian de mobile și facturi
Ce îmi stau în gând,
Pe care vreau să le-ntâlnesc plătite
În ochiul cerului albastru, fără nor,
Sipet al unei case fără de-obiect.

Vasul de aur

(lui Émile Nelligan)

Aplecată asupra mea
Pictez în minte vasul de aur
Ce-l țin de două toarte
Cu mâinile împreunate pe corp.

Îi văd crestăturile marginilor
Pe care s-au plimbat valurile,
Îi văd transparența cu care a existat
Si crăpăturile pe care timpul și separările le-au marcat.

Aurul vechi, nespus de vechi și lucitor,
Fixat între coapse și șolduri,
Cu două guri pentru a-l face lumii fecund
Este vasul de aur din gândul unui om de cuvânt.

El a fost plimbat în multe ere,
În el s-au picurat cuvinte frumos alese,
Lanțuri de metafore și dantelării de gene,
Din el s-au născut copiii.
Azi îl țin și eu de toarte:
Vasul de aur, trecut din neam în neam
Protejat de rozarii înalte.

Omagiu lui Fernand Légér

Semicercuri, sfere,

Orizontul însuși se curbează

Purtând în pântec fructe ce dansează,

Pătrate, cuburi reci

Care cad în calde arcuri, alcătuind

Mobilier cu marginile fade.

Dintr-o mandolină notele pleacă

Ca niște rotocoale

În care se zăresc multiplicate

Florile pătrate, din vaza de ceramică mată

Și-o inimă pe jumătate...

...Cealaltă parte o va întâlni

În cel ce astăzi va privi

Tabloul cu rezonanțe pure, de aproape.

Nașterea lui Venus-Venirea primăverii

(lui Boticelli)

Din spuma mării s-a născut copila,

Venus, într-un miraj de vânt dus

De mirt și roze

Din care suflă de la Apus

Zefir și Aura Primavera.

Nici valurile mării nu cutează

Mai mult decât să facă creste mici de spumă albă,

Nu este altcineva în preajmă

Decât Dumnezeu ce se crează

În porii lor de vreme caldă.

Salbe de lumină încet se-așează

În valurile verzi și ochii verzi ai lor,

Nici nu știu înca de e primăvară

Când a nascut Venus amiaza-i

Din păru-i ondulat și-usor.

Clar-obscurro

Clar obscurul se-ntinde de-aici
În umbra fiinţei
Şi clar-obscur înţeleg acum
Glasul conştiinţei.

Rembrandt, Dürer, Rafael-
Chipuri şi obiecte plutesc
Între umbră şi lumină,
Prăfuite, misterioase
Tablouri şi tomuri de cărţi,
Dolofani, misterioşi, copiii ca îngeri.

Şi cu un clar-obscur
Ne-a dăltuit mâinile împreunate
Şi Dumnezeu, când drumul spre el se abate;
(Michelangello le ştia dinainte pe toate!)

Clar-obscur, de unde vin şi unde merg
Ca în umbră să mă adun
Ca în lumină, deplin, să mă-nfăptuiesc
Cu fortă, lin, lin, lin,
Pe şoptite, în clar-obscur
Să te-ntâlnesc.

Escher construiește un desen

Libertatea trebuie redefinită,

Curge încet ca un praf de pirită.

Ar fi trebuit să vezi porumbeii

Cum au perforat norii

Și cum norii, din vălătucii lor

S-au prefacut în porumbei în zbor,

Invers, de la deltă la izvor.

Dacă libertatea trebuie redefinită

Atunci un ochi este înfometat

De o linie ascendenta pe care o vede curbă

Și o curbă care este o scară,

O scară pe care se suie și se coboară

Ca pe o bandă Moeubius,

Iar un clown privește avid

Labirintul fără început

Și sfârsit, într-un infinit.

Între timp, un om cu pălărie

Urcă și coboară, în același timp,

Drept ca o făclie.

Ospățul

(lui El Caravagio)

Un coș cu fructe aranjate după canoane clasice
De forme și culori sortate.
El stă în fața lor
Sau mai bine zis, în spate,
Cu un pahar de vin roșu
Ținut în mâna stângă, nu prea plin
Iar sensul lui devine
Sensul meu estetic, satisfăcut deplin.

El nu se folosește de cuțit
Ca să taie felii, să guste
Din roadele alese, frumos țesute de miraj
Poate de vraja lui, gata s-asculte.

Eu încerc să le ghicesc aroma…
…Pictând, în liniște, pe rând
Coșul cu fructe și pe el râzând,
Chiar pe el, Dyonisos ce ambiguu
Nici nu mă cheamă să-mpărțim
După-amiaza la un pahar de vin,
Nici nu mă-ndeamnă să curățăm
Pe rând un strugure pelin,
Ci mai degrabă nemișcat
Într-o natură statică pictat
Mă-nvață despre nașterea purei dorințe
Să iau l-al său Maestru și eu aminte!

Ospățul la care nimeni nu mănâncă și nu bea,
Să fie oare asta Dragostea?

Moara de vânt

(lui Don Quichotte de la Mancha)

Câmpuri lungi de gălbenele

Printre care ţi se-ncurcă gleznele

Alergând după fluturii albi,

Vântul zbate paletele morii

Şi-ale norilor nave în vrie,

Scârţîie stinghiile din toate încheieturile

Şi Don Quichotte nu mai vine.

Orele se răspândesc dintr-o pălărie de magie,

Numai vântul le numără pe sărite,

Mai încete şi mai nestăvilite,

Plopii se curbează de trecerea timpului,

De vânt, cu trei sute de ani înainte

Când moara făcea făină.

În asfinţit, umbrele aleargă repede,

La marginea morii, chipuri închipuite

De vânt, în stihii se conturează,

Plopii se-ndoaie de şale;

Pe-aici se deschide acum drumul în lumea

În care a mers mai demult Don Quichotte...

...O clipă, apoi drumul se-nchide nepăsător

Spulberat de vânturi şi nisipuri.

Magritte

Misterul cu Mister Magritte,

Atât de bine conturat, încât aproape mi-a scăpat,

Burghezul suprarealist introvertit,

Ca un Macintosh imens, gustos,

Pe veci închis într-o sufragerie

Din care nu scapă nici un gest.

Şi totuşi, evadări dintr-un joben,

În alte lumi, paralele cu Mister,

Labirinturi introvertite,

Lumi mentale mult râvnite,

Paravane fără chei,

Chei ce deschid infinituri...

Mister a trecut pe-aici în gând

Şi a lăsat amprenta umbrei unui gând

Pe un obraz virgin

Al unei pânze goale,

Fără un cuvânt.

Acelui gând surprins în mişcările lui metafizice

El i-a atribuit o imagine.

Cum altfel am putea privi o stâncă
Levitând deasupra muntelui?
...Este forța gândului...

Cum altfel ar putea ploua
Cu oameni cu umbrele?

Aliniați în cer ca stropi de apă,
Formând un imprimeu ce stă lipit de gând
Când ploaia vrea să-nceapă.

A fi-ntr-un loc
Dar numai cu prezența,
Pe când în gând august,
Deconectat, privești din depărtare marea,
Un șevalet la care ai lasat
În fața lui jobenul,
Pe când plecat în depărtări zâmbești
Pictându-te pe tine ca un soare.

O pasare în zbor tu vezi în gând,
Pe când model îți este oul,
Anticipația unei forme, unei vieți,
Când tu privești oul-misterul.

Mister Mister Magritte,
Servit la micul dejun,
Când subit, c-o cheie-naltă ai deschis
Misterul casei tale dintr-un alt mit.

65

Ars poetica

Cuvintele poeziilor au căzut din înălţimi
S-au aşezat lin în jocul real
Al oamenilor trudnici ai treburilor zilnice
Fără suspin, înţelegându-se deplin
Cu paginile vieţii cotidiene.

Printre rânduri, ele mai sar
Cu un chiot mai dau un vânt
Oamenilor posaci.

Poetul le mai strânge-ntr-un hambar
Din când în când,
Dintre spice culegând
Rodul lor trudit într-un vers,
Glasul ce-l mai glăsuiesc
Într-o pauză din mers.

Printre mese, ele se mai plimbă
Atârnând de câte o coadă de lingură
Turnând puţină sare în mâncare.
Ca să mai reziste, totuşi,
Le-am născut o mână de copii.
Ei silabisesc cuvintele din poezii
Ca şi cum n-ar ştii
Jocul realitaţii ce mai târziu va domni.

Filozofia Florescentă

Metamorfoze

Fluturi migratori

În traista omului călător,

Deschisă deasupra abisului

Căii lactee: din ea picură aripi și stele,

Așa ți-am văzut lacrimile

Și am crezut în ele.

Larve de fluturi

Căzute pe o podea,

Așteptând ceasul bătând

Când vor ieși migrând

Zbătând aripi pentru zbor

Dintr-un nor tricolor,

Așa ți-am închipuit gândurile

Și le-am văzut deschise ca o carte

Cu pagini de aripi de fluture

În care-ți sunt înscrise impulsurile.

Apoi fluturii au format un cerc

Pe care eu încerc să-l trec,

În mijlocul lor se aud aripile bătând

Zbătând ca un motor în vânt -

Este inima ta încercuită

În care eu încerc să mă strecor.

Fluturii mei şi ai tăi

Au zburat liberi undeva în cer,

Au trecut bariere de nori,

Iar la apus s-au întors înapoi

Ca să se-aşeze cuminţi

Pe umerii şi braţele tale, pe braţele mele,

Cum stăm în braţe cuprinşi,

În focul stins de mare

Al marelui soare.

Imposibila iubire

Imposibila iubire

Mi-ai fost destinată mie,

Tu faci totul posibil

Fără să m-atingi,

Mă struneşti, mă mâni,

Mă-nveţi.

Şi eu te-ngân

Ca un sitar cu coardele de aur

Ale sufletului meu sprinţar.

Din miracolul tău

Sorb şi eu puţin,

Astăzi e plinul,

Mâine nu mai e nimic.

Însă la şopotul tău dulce

De izvor, adast şi eu un pic

În momentul tău unic

Rotitor în Universul

În care Timpul este o clipa lungă,

De milioane de ani întinerită.

Azi e totul

Mâine nu mai e nimic.

Drumul

Șerpuitor, dar fără margini tăioase,

Drept, cu imagini clare,

Dar fără șocuri vizuale,

Ademenitor, dar fără unghiuri obscene,

Cărând poveri fără împovărări să mă deșele,

Înălțător, când vârfurile le-am atins,

Într-o privire lumea am cuprins

Și înțeles mistere într-o clipă

Lăsându-le apoi ca liber să se-ntrupe.

Coborâtor, făcându-mă să simt

Pământul în pumni,

Din care modelez din nou

Idei cu siluete de statui din teracotă,

Antice, vechi, fecunde,

De Madonă.

Drumule, nu te-am întrebat

Unde mă duci, în ce regat...

Absorbit de meandrele tale

Știu numai că îmi curgi

Prin vene în spirale,

Și numai prin Dumnezeu cel Mare

Voi ști și azi și mâine

Care-i locul meu sub soare

Și când îmi vei da dezlegare...

Nole me tangere

Nu mă atinge cu păreri
Ce-mi asupresc privirea limpede,
Nu mă abate de la drumul meu
Cu stângăcii ce îmi stârnesc dureri.

Eu ochiul mi-l îmbrac
De florile și cupa pură-a lor
Și-acelor care știu să cânte
Spre a uni bucuriile
Cu pasărea în zbor.
Nu-mi arunca umbrele celor
Care nu știu să asculte,
Nu mă atinge cu efemerul
Lucrurilor mărunte.

Nole me tangere
Și vom trăi din scripte sfinte,
Cum eu mi-aduc aminte
Cum tu-ți aduci aminte.

Bujorii

Bujorii mei de curte veche

S-au deschis perechi-perechi

Să-ncânte trecătorii, să le dea binețe,

Căpșoare albe, roz, în cupe pline de-mbieri.

Extaz suprem, trăit în prima zi de vară,

Ce nici un om nu va fi vreodată

Puternic să îl ceară,

Ci numai zeii când pe pământ coboară

Bujorilor, cu-același zâmbet le-ar zâmbi, `ntr-o doară.

Bujorii mei, perechi-perechi,

Numai în minte îi petrec

Și trupul meu, înflorit în atâtea primăveri

Le-ar fi un frate și o soră,

Dacă tu ai vrea

La mine, din nou

Să cobori dintre nori.

El strânge-n trupul meu o sevă

Ce fără trudă flori ar înălța,

Ce vor deschise-a fi, poate-ntr-o altă vreme

Când eu voi fi iarăși a ta.

Purtați de Zepelinul marilor iubiri

Obsesia cu muzica,

Prin buzunare găsești chei de chitară

Se poartă tricouri, non-chalant

Cu Led-Zeppelin, post-modern

Într-altă eră glaciară.

Zepelinul nu face zgomot;

Printre oameni se strecoară

Şi fără sunet.

Însă odată «pluged-in»

Din ceruri se scoboară

Un rock & roll odată subversiv,

Iar astazi submersiv,

Tăcut înaintând în lumea largă.

Aşa te zăresc, docil,

Noi doi călătorind cu-acelaşi bilet

În Zepelinul de-astă vară.

77

Sonata nesfârșită

Ia sfeșnicul
Concertul poate să înceapă,
Crinii pe pian desfac aureole galbene în asfințit.
Fără zgomot, cu un mers de vis,
Te-aștept să te așezi la pian,
Primele acorduri mărșăluiesc profund,
Iar mâinile pe clape zboară-ntr-o sonată.
Nu-i «clar de lună», este numai amintirea
În crâmpeie, de cum a fost odată.

Mi-am băut tinerețile
Într-un elan de a răzbi până la tine,
Oricât de dulce sună mi-bemolul,
Oricât de-adevărat în pieptul meu răsună,
Nu-i chip să te găsesc - poate vei fi pe lună...

Între torente de note înalte,
Între ape profunde de chei joase
M-azvârl în acorduri tumultoase
Poate c-asemeni unui delfin
Absorb notele și le transmit în vid,
În marea depărtare ce-ne apasă,
Departe tu cum ești, cât de departe...
...De te aproprii numai muza poate știe
Cum muzica se stinge-n poezie.

Vara într-un labirint

Ea: Trimite-mi pe o rază
O vară coaptă-n spic
Când cântecul greierului deraiază
În sonete de lună
În care ne pierdem un pic.

El:Nu mă alerga între lună și soare-
-Eu nu sunt decât o stea-
Crizantemă, în grădina ta
Și tare îmi place, când vara ne coace
Să m-ascund în frunze, la umbră,
Fără urmă.

Vara este a mea și a ta:
Când îmi vorbești,
Câte măști vei purta
Într-o piesă de teatru
Unde actorii joacă propriul lor destin?
De ce mă privești străin?

Ea: Îți par așa-află dar
Că m-am pierdut în lume!
Prind din vânt firimiturile
Scuturate la festinul tău

Din depărtări devenite lunare
Printre maree și carnavale
Ne-ajungând, ca pe timpuri,
La picioarele tale,
Nevăzătoare, orbită de soare!

El: Astfel, pe picioarele tale
Umblă în lung și în lat sub soare!
Și când poposești
Viu să grăiești.
La mine nu căta -
Nu sunt al tău,
Dar viața este a ta!

Epilog

Printre noiane de-amintiri
Ce rostuite sunt a nu se arăta
Când clipele urzesc viața-n lumină,
Te caut în umbroasele unghere
Ale obtuzelor opale, unde viața,
Subțire ca un fir, aproape piere.

Și când la ceasul potrivit
Un freamăt trece prin frunziș
Eu cred că este mâna ta
Făcându-ți drum spre poarta mea.
E vântul numai, însă, care
Se despletește pe cărare,

E Crizantema – floare plină,
Ce se ascunde de lumină –
Timidă, când se înfășoară
Între frunze vara, la răcoare.

Apoteoză

Singură, bătând cărările verii,

Simt în tâmple miracolele mierii

Ce se prelinge auriu din soare

Pe degete de raze mângâietoare...

Într-o grădină de fragi și mure

Ajungând până la brâul merilor

Ce-ncet se coc, aurind frunzișul

Deasupra tainicelor cuiburi de mierlă,

Deodată mă opresc dospind

Această bogată desfășurare de tihnă și lumină

Într-un cuvânt:

Dumnezeule cel Sfânt!

Crângul în echilibru în lumină;

Din ceru-nalt un condor

Se-avântă într-o vrie.

Urmărindu-l cu privirea

Mă desprind

Planând cu închipuirea

Peste poiana de ierburi unduind.

Văd în depărtare marea

La țărmu-i acostând în gând:

O barcă ce contemplă veșnicia...

Și-atunci condorul țipă

Ca el chemându-mi sufletul să cânte viața

În poiana de lumină

Cu mierea curgând agale

În raze peste mine.

Stau pe tălpile mele încet coapte de soare;

Condorul s-a dus spre apus,

Numai răcoarea-mi aduce alinare,

Condorul mi-a făcut un semn și s-a dus.

Oracolul grăiește

Cine este aceea
Care-și zidește iubirea în templu?
Iubirea zglobie vrea să alerge...
Dar, vai, ia seama
Ofrande de-ți aduc cei ce n-au treabă
Este pentru a da năvală
În sufletu-ți curat, cercat de doruri
Pentru altul.
Abea mijind lumina zilei
Crud adevăr iese-n tipare:
Zeul atot ocrotitor
Te vinde-n piața mare
Căci ți-ai găsit cumpărător
Oricât ai luptat contra
Până-n pânze albe.
Astfel, pari că cedezi altor tentații
Când tu ai vrea ca viața să te poarte lin
Spre alte destinații.
Dar tu chiar ai zidit în templu
Iubirea după boltele înalte
Împodobite-n armonie de idealuri
Ce-acuma stau să se reverse
Neînsemnate, la picioare.
Doar să te rogi ca pasu-ți călător
Să nu se-mpiedie de minte?
Sau ca izvorul tău de conștiința
Să nu înnece în vâltoare altă ființă?
Eu nu iți dau un alt dezlegământ
Decât acela de a bea licoarea vieții cu știință!

Alabastru

Îmi găsisem scopul terminal al gândurilor:

Printr-o Fantă,

Ele se scuturau ca o ploaie de petale

Înăbușite în pernă,

Amplificând mirosul de levănțică

Ce alerga iute să cuprindă

Curbele corpului tău în cutele cearșafului,

Printr-o fantă ca o pâlnie uriașă.

Aplecată în șoaptă spre urechea ta.

Atingeau marginea nopții

Ce răsufla încet dinspre stele

Adierea vântul de miez de vară

Pe care-ți sprijineai tâmpla

Și nu se auzeau decât greierii

Cântând din stelele ierbii.

Eu mă chinuiam să-ți împărtășesc din tainele mele,

Însă noaptea era prea plină de mistere

Cuibărite în umbrele casei în beznă.

Dacă ai fi vrut ploile mele

Ţi-ai fi mutat tâmpla din curba cerului,

Aici, unde creşteau stelele invers:

Din pământ, cu nume de crizanteme,

Însă pe cât de aproape erai

Legat într-o vrajă de buchete de levănțică

Ce pluteau deasupra patului nostru,

Pe atât de departe-ţi era gândul

Pe unde prinzând frecvenţe de Galaxii îndepărtate

Spre care plecai în vis deodată, spre toate.

Scopul terminal al gândurilor mele

Erai doar tu, navigator înţelept spre stele,

Nepreţuit oriunde-aş fi fost...

...Acum, când ai plecat, mă învârt fără rost

Între frecvenţe de post.

Îndemnul unui Înger

De ce nu te poți opri

Pe puful aripii și ațipi

Pe norul alb ce ți-l întind înainte

Ce fără veste, tu-l alungi cu altă minte?

Grăiesc alese, zânele și îngerii,

Dezmierd din lanuri roșii de maci toți greierii,

Tu pune-ți capul pe-a mea pernă-nnourată

Și uită-ți grijile: la ușă să nu bată!

Dar, aripa mea a fost un pic plecată

În con de umbră peste lumea-mi adorată,

Săgeată de nour, pe-altă lume ea să bată

Și întorcându-mă, te-am găsit mai abătut,

Bătut de-a lumii tristă soartă!

Așterne-te pe perna-nvolburată

Și odihnește-ți tâmpla

În ritmul crinilor ce se deschid deodată

La ale tale respirații adânci, de-ndată

Ce-ai adormit pe-a mea aripă` nourată.

Flori de Nu-mă-uita

Aşa cum m-ai cunoscut,

Azi, izvor despărțit pe din două

Curge în taină peste răsadurile de Nu-mă-uita,

Firul ce se destramă în grădina ta.

Aşa cum nu m-ai cunoscut,

Azi, pe masa albă se revarsă florile de Nu-mă-uita,

Închise într-o cameră vegheată de uşa mistică

A încercărilor de a trece de ea.

Aşa cum m-ai cunoscut,

Numai tu vei şti

Și aşa cum nu m-ai cunoscut,

Numai eu voi şti

De la izvorul de la care-am băut împreună odată

Și ne-am despărțit ca cele două fire de apă...

Nașterea dorului

Pe o aripă de piatră
Am zburat în lumea tăcută
A oaselor nemișcate.

Iar cu o aripă de lumină
Am mers înapoi
În timpul înnaripat al cifrei doi,

Dintr-o aripă de lemn
Ne-am făcut deasupra un cuib
În care am clocit zile și ani

Din ele s-au născut îngerii

Le-au crescut întâi puf pe pielea limpede
Apoi aripi tari de vulture
Stropite cu psalmuri sfinte.

Și-au luat zborul în lume
Cu nume de doruri și aleanuri
Cântate la asfințit pe-ntinse meleaguri.

Din piatră, din lumină si din lemn
Este fluierul cu care vă cânt
Povestea dorului sfânt
Din sufletul meu – fluier de os
Grăind duios.

Cameleonul meu drag

Îmi culc capul pe o rână,
Pe mușchi verde aidoma
Cameleonului ce sare alături,
Închid ochii și intru înăuntru-mi
Pe calea viselor pe care ajung
Să văd lumea cu o aureolă blândă.

Pe calea viselor pornesc
Să culeg mărgăritarele
Clipelor singuratice
În care se-ntâlnesc
Hotarele de sus cu cele de jos.

Cameleonul țopăie
Și-și schimbă culoarea verde
În roșie.
Sunt acum pe marea de-un roșu-aprins
În care apune un mândru soare prelins
Peste o antică metropolă.

Nu venisem aici dinadins,
Însă cu capul culcat pe-o rână,
Pe mușchi verde aidoma
Cameleonului ce sare alături,
Visez la Sfânta Sofia.

Aici lucrurile mărunte

Îţi aduc aminte

De lucrurile mari

În faţa cărora lumea se-nchină.

Aici gesturile mărunte

Vibrează în biserica pământului

Ca-ntr-o burtă

Din care sacrul se naşte.

Şi gesturilor fac suma seara

Cu faţa spre oraşul adormit

Unde veghează silueta Sfântei Sofia.

Cameleonul a ţâsnit galben

Şi mi-am pus toga galbenă

În semn de pace tibetana;

Mi-am început plimbarea

Prelingându-mă pe lângă un zid

Pe unde ziua cerşetorii cer pomană.

Culcat cu capul pe o rână,

Pe muşchi verde am adormit.

Şi-n vis am văzut dinnou

Mărgăritarele clipelor cu mai multe faţete,

Cum păşeam după ele în vis

Pe un Pământ de pace şi nobleţe.

Muza Descompusă

poezii de toamnă și de iarnă

Psalmul prevestirilor de frig

Bate vântul care alungă soarele

În depărtate și reci ogoare albastre,

Închizându-i cuptoarele razelor calde

În hambare cu spice de aur - din roade - aluat

Pâine și plăcintă femeile de fac

În toamnă, măturând frunzele spre iarnă

Ce-nchide pleoapa în taină,

Albă, peste dealuri, de-a valma,

Vântul măturându-le neaua.

Și taci, și tac, plecați spre Polul Nord

Am luat în sac doar un amnar…

Dantelării de ierburi împodobind

Peștera închisă a sufletului nostru geamăn

De-astă vară.

Cântecul de pe buze se transformă dintr-un Verde tril

In doine murmurate în pustiu…

Și ia tu seama, ne-om înfrăți dinnou

Când drumul se va opri în fața ieslei

Unde lumina pruncului Isus

Din inimă se răspândește

Zăpadă înstelată punându-ne sub talpă

Și dalbi vom colinda pe lumea luminată!

Acuma ține pasul drept, pe dalele pe care

Toamna dansează în vârtejuri, sfărâmând

Frunzișul și lumina în zornet de brațare.

Nu te lăsa-nșelat de vulpile ce sclipesc

Iesite-acum în goana lor de-aș afla cina,

Tu înfruptează-te doar cu lumina!

Și, totuși, toamna

Domnul drept călăuzește
Pe-ale meandrelor hotare
Hotărăște cine urcă, cine coboară.

Între pini, licuricii strâng lumini
Ce veghează-asupra lumii
Măturate de destin.

Este cald și-apăsător;
Tineri și bătrâni, nu deosebesc orele cum vin
Și pleacă, într-o horă-ngândurată.

Nu mai semeni cu-astă-vară
Cum te vedeam împletind cununi în crâng,
Peste dealuri presărată.

Astăzi te-ai ivit stacojită
Umbră-a ceea ce a fost, lovită,
Doamnă Toamnă - măr mușcat de ploi,
Singură, amară, strânsă printre noi.
Și-mi răspunde un ecou:
Totuși, toamna-i îngrijită
Gospodinele o-alintă
Iar copiii, unul-doi
Învață-abecedaru-n toi.

Addagio

Parcurs de ploi echinoxiale

Ce bat tam-tam-ul pe ulcioare

E gândul meu ce se destramă

În ceţuri galbene de ceară.

Mi-ai pus iar vamă pe-a mea seamă,

Tremurător, nu ştiu dacă e bine

Să-ncep să cânt când mare-i liniştea din preajmă

Căci, vai, văzduhu-i plin de nervi de toamnă.

Numai cu-n salt de veveriţă

De sar peste a timpului sentinţă

Mă voi vedea, în fine, trecut pe malul bun

Al primăverii, ce-acum l-ascunzi hapsân...

Mic dejun în doi

(Vară indiană)

Pe-nvolburatele cărări sub clar de lună

Am zărit urma chipului tău,

Nu am strigat înapoi,

din barca mea străbună,

Spre apele ce au închis oglinzi pe figura ta,

Dar am șoptit: Vino

Să ne-nsoțim pe-această Mare - călăuză

La bine și la rău.

Vâslind spre dimineața azurie

Ținând în față, sfânt, Soare-Răsare ca făclie,

Nu te-am zărit, nici auzit venind,

Plutind pe-nchipuire,

Pe umeri să-mi așezi mantia aurie,

Trăgând în barcă plasa pescărească plină cu sardine

Și-un pescăruș pe brațul tău, dresat să spună:

« E dimineață! Bună, vouă! Poftă bună!»

Toamnă angelică

Coşul cu mere pare-uriaş,

Cu mingi de foc şi pară,

Un bondar spiriduş-jucăuş

Se-nfruptă din ele cu-arome de toamnă.

În heleşteu raţele se umflă în pene
Deschizând în unde pârtii alene.
Indecis, un câine se uită pe-ascuns după ele,
Însă se lasă păgubaş şi lasă botul în jos
Adăpându-se singur în lac.

Gutuile pârâie durdulii în grădină,
Rochiţele frunzelor se-ncurcă în vânt,
Din gălbenele îmi fac o cunună
Şi soarele mare-l privesc asfinţind.

Nu mai e nimic de adăugat.
Soarele apune cu un oftat uşor peste lume,
Numai un pitpalac întârziat zboară-n zigzag
Şi mama închide la loc ultimul geam.

Cortina cade peste urmele zilei de toamnă calde,
Se-nghesuiesc în coşul de rafie
Cu-angelice culori rostogolindu-se:
Mere galbene, roşii, vii, rupte din soare.
Mama îmi pune mâna pe frunte:
Tu arzi! Ai stat la soare cam mult-
Pe mal şi-n grădina de fructe.
Ia un măr şi pune-l pe frunte!

Unde?

- gol de existență -

Se-nchide ochiul c-o umbră de frunză

În cădere peste-o lume în dungă

De-asfințit lung, roșiatic-pe frunte

Laurii se-apleacă molatici- ca foi de carte:

O horă de intenții rupte de emoții

Destramă astă lume, pe când profeții

Citesc în stele ce-abundă peste mizericorde: urme

De foste vitejii de frunze...

Unde? În ce genune țambale percutânde

La pasul meu furat de specii noi crescânde

La cornul lunii, într-o viața de niciunde...

Petrec soarele în asfințit

Împodobit cu blăni de vulpi flămânde

Și-aurul se topește lent și mut

Mângiind ca o făclie aurie fruntea.

Și întrebarea este: Unde?

Numai atât și mâine voi ajunge!

Arcade violete

Arcade violete, albastru de metil
Subțiratice plutesc peste lume,
Aștept ceasul când vântul le va sufla aprig
Furtuna norii să-i adune.

De ce să chem furtuna?
Depresiunea ne-alintă cu vreme caldă, senină,
De saptămâni în șir, soarele, cu un inel de aur
Își caută soție.

Arcade violete, albastru de metil,
În fiecare seară se adună la apus,
Însă e semn de vreme bună!
Însprâncenat, soarele se retrage încă arzând
După perdele-nalte de umbră, arcade de metil,
Seraiu-i încă gol,
Soarele își caută soție.

Arcade violete, albastru de metil,
Mi-s ochii duși de dor în orizont,
Într-un târziu, cu soarele-asfințind pe nori,
Subțiratici, ca o sprânceană ridicată
A privirii mele întrebătoare:
Ai să mai vii vreodată?

Toamna-iarna

Vroiam albastrul pur să îl sărut
Dar se albea spălat de ploi ca la sfârșit
De drum. Și n-ajungeam, oricât mă înălțam
Să-i fac un semn de rămas bun.

Și se-nchidea pe mine o cupolă
Albastru-zgomotos,metalic și sticlos:
Și norii grei veneau cu glas de humă,
Cărând împovărat ninsori de frunze
Ce scăpătau apoi, nelăsând urme
În neaua albă de-nceput de altă lume.

Grăbind un gând spre viitorul ce ne prinde
În dansul lui cu măști de toamnă pe figură,
Încet, strecurând frigul în fire de lumină
Toarse din ce în ce mai încet și rar
Peste lumea ce respiră în tihnă
Aerul rece în care urcă domoale
Fumurile coșurilor
Pe-ntinderile devenite păreri albe,

Păreri străfulgerând retina
Cu cai la trap ce trag pe șine
Părerea unei căruțe pline
Cu năluca albă-argintie
Ce-a trecut prin față pe la vie,
Când toamna în podgoare înca ține
Mănunchiuri galbene-roșcate de rodie.

Ah, toamna-iarna parcă iarăși vine!

Soarele de iarnă

Mi-e teamă de soarele de iarnă
Ce poartă o lentilă fumurie
Ca o bijuterie prăfuită, aură îndoliată,
Raze de zgură, cu capul plecat,
Domnitor dormitând peste Făptură.

Spre Răsărit am înșirat icoane
Fără de șir, cu chipuri grave
Țin lungi litanii la lumina pală
Pe Dumnezeu să-l am de pază,
Casa să-mi fie o icoană.

Să pun o altă togă-albastră când mă închin
Și purpuriul lumânării ce aprind
Să treacă-ncet spre soare, lin,
Să coloreze cu a mea credință
Aura-i palidă în cerul senin.

Ultima poezie de toamnă
(Emoție de toamnă)

În val de vremi, valurile trec: păreri de toamnă
Văzut-am verde cât de-o palmă,
Dar e-o frunză roșie ce pleacă
Complementar pe fața-ntoarsă
A soarelui ce-anină
Aura-i palidă, cețoasă.

Și într-o clipă ultimele juvaere
Căzând în vânt, în dansul mut
Până când ultima sclipire piere,
Lasă în urmă o lume desfrunzită
Ce își așteaptă rândul,
Singură și goală
Oprită-n calea iernii ce-o să are
Câmpiile cu albe-ogoare,
Iar ea se va așterne sclavă,
Fără de podoabe,
Înfriguratei ierni și-a ei povară.

Nimic n-o mai îndeamnă
Să stea falnică și trează;
E doar un abandon
În somnul de sfârșit de drum.

Și-a doua zi, la deșteptare
Copiii vor vedea neaua cum cade
Și toate drumurile doamnei toamne
Albite de uitare.

Chipul

Ipostază măcinată de vreme

Sânt încă eu- tu nu te teme,

Pierdute șiruri de mătănii grele,

Cartea-i deschisă încă in lumina printre gene.

Simt toamna derulându-se sălbatec în viscere

Iar cântarul e căzut pe fruntea mai serenă,

Ieșiți din hora clipelor extatice:

Ieri era vară, astăzi cădem molatec

Într-o nouă eră- îmbracă-mă cu haina de gazelă

Ca sa fugim într-un oraș în care timpul mai nechează.

În ipostaza de Julietă

Acum cu cearcăne la ochi și ochelari pe nas

Scot la plimbare o Pièta...

Sânt încă eu – tu nu te teme,

Nu te lăsa mâncat de vreme!

109

Transcendență

La răscruce de toamnă
Valuri domoale de frunze se destramă,
Sub ele limpezi poteci se arată
Bătute de vânturi stelare,
De ninsori de fapte albe.

Cât ai bate din palme,
Pe scena joasă se transformă
Un anotimp într-altă formă
Şi lin se duse ciocârlia,
Lăsând în urmă cioara cea lacomă.

Oprit ca într-o poză
În mijlocul schimbărilor ce mătură
Anotimpurile şi expresiile feţei,
Astfel surprins de-mbătrânirea
Jucată de o nouă toamnă-iarnă,
Actorului, pe frunte i se sculpteaz-o cută.

Când stratul iernii
Se topeşte încet în primăvară,
Doar el, actorul, nu-şi poate reţine
Grimasa-adânc cioplită-n frunte

Adusă din fostul rol din fosta piesă

Din fosta toamnă-iarnă

Jucată făr-de-audienţă.

El îşi asumă rolul

Unei miscări de transcendenţă...

S-a inventat el, actorul,

În chipul unui Pan

Şi este al naturii replică tangentă.

Este mereu aprins de-a jocului cadenţă:

Pe negândite-acum, suie scara ploilor,

Lipseşte-o vreme ascuns în curcubeu

Şi-apoi se-arată

În chipul trunchiului de cireş alb

Cu mici boboci ce-i curg pe faţă.

Zâmbeşte dintr-o scorbură cu ochi de veveriţă

Şi ciripeşte dintr-un os de capră.

Epifanie

Este-o lume înghețată
Vântul suflă măturând neaua stelară,
Mi-ai pus o pecete pe gură
Să nu vorbesc o oră,
Ca o stană-n casă închinându-mă zăpezii,
Completând cu greu desenul.

Micșorând perspectiva deschisă,
În fața mea se află vinul.
Mi-astupă gura, roșu,
Făcând o legatură
Cu Îngerul ce mă veghează,
Cu Îngerul ce veghează lumea-nghețată
În care vântul mătură cărări
Înșelătoare prin zăpadă.

M-ademenește-n ger vântul
Deschizând pârtii orbitoare,
Ridicând în urma mea
Hotare uriașe de zăpadă.
Nu te mai văd, înaintea mea ai fugit
Ca să depeni firul poveștii mele,
De la tine spre mine.
Între troiene, visătoare,

Acum m-am trezit

Şi am privit Îngerul în faţă:

Zăpada albă i-era masca

Şi încet a dat-o la o parte

Lăsând primăvara-ndepărtată să renască

Pentru o oră; ora pentru care m-ai rugat să tac.

Şi-atunci am înţeles că minunile

Se coc în linişte, pe tăcute, ca un cozonac.

Metafizica Anatomiei Umane

(începutul anului)

Văd lungile absențe marcate în dungi tricolore

Ale radiografiilor dintre două ere

Și dintre două oase: clavicula și trapezoidal,

Ca și viitorul ce și-a revărsat sacul

De-i văd numai făina fărămicioasă

A pânzei vechi (și noi) ce se destramă...

Anatomie umană independenta de ceilalți de-o seamă,

Obișnuită carne și os

Care de n-ar fi dorul dureros

Ar trăi o viață numai cu sine.

Dar suntem pe dos:

Legăutura cu lumea ne trebuie și ne susține

De e rău sau de e bine!

O punte-a construit Cel Făurar

Între a fi fizic și spiritual;

Balansu-acesta îl înveți pe negândite,

Dar cum iar bate vântul, cum iar scapi acordul,

Artist tu, întru-totul, pe puntea-n echilibru!

Dar vine Scriitorul! Așa le ticluiește

Că gura și picioru-și uită rolul

Și ca un tot materia zvâcnește

Prinzând o nouă viață, înaintând pe noi artere

De sânge-albastru ce-nnobilează caracterul

Cu tocul și cerneala înșirând dantele...

Iar Omul...? În aula cerească cum răsună

Literele cititilor în stele și în lună,

El stă cuminte într-a lui Făptură

Și învățat ascultă cu toată ființa lui

Rosturile depănate din Glia cea Străbună.

Epilog

Decantez nisipul

Uşor şi fin ca clipele ce trec

Fără să bată la uşă,

Căzând prin fantele ostenite

De degete, în versuri tresărite.

Şi marea cea mare spală nisipul:

Toate-aceste clipe ce-au întrunit trecutul.

O dulce comă e uitarea, şi adâncă:

Ea, marea, în care s-a întors nisipul.

Însă iubirea e o stâncă

Ce stă trufaş în portul amintirii,

Iar valurile trec remodelându-i chipul,

Dar iubirea-i tare ca piatra: rămâne

Mărturisitoare a timpului ce-a fost, ce este şi ce vine.

Iar noi? (Aceşti alter-ego ai iubirii):

Pierdute urme pe faleză,

Aceleaşi locuri şi aceiaşi, dar purtându-ne străin,

Căci nu e lucru mai cumplit c-amorul

Ce-a fost tăiat din rădăcini!

Scrisoare albă

Te-am iubit – nu ți-am știut misterul,

L-am întrupat în doi,

Iar tăcerea l-a transformat într-o enigmă și mai mare

În care nu ne mai deslușim.

Abea-mi trag sufletul în pustiul Ianuar,

Fără zăpada care să se-afâne peste toate, clar,

Să-mi arate foile albe ale celor nescrise încă,

Pure și-mpăcate cu destinul:

De-ar fi fost, de-ar mai fi și de va mai fi să fie...

De ningea n-ar mai fi fost nevoie de chei

Pentru porțile închise pentru totdeauna,

Prin neaua albă am tăia poteci închipuite

Și deschide drumuri noi,

Cu viscolul din urmă ridicând în urma noastră munți

Și ne-am pierde de lume,

De lumea care odata ne-a despărțit...

Am avea obrajii roșii. De ger?

De fericire? Am râde de toate

Croindu-ne drum într-un univers alb

Pe care nimeni nu ar avea curajul să-l păteze...

...Cu cerneală,

...Să-l rescrie pentru posteritate.

117

Povești de iarnă

Într-o cetate albă, în exil,
Unde au nins întregi cohorte de omăt,
Acolo unde nu se mai aud păsări chemând
Ci doar scrâșnitul aspru de bocanc...

...Acolo, parcă m-am zidit

Fără scrisori și fără internet,

În jurul meu doar ridicând

Baricadele înalte de povești.

În turnul înghețat cu zimți de timp

Nemișcat, de mult oprit,

Înșir poveștile în jurul meu

Unui cerc de îngeri priposit

În pragul meu, iar aripile lor foșnesc ușor

Cum se topește neaua de argint.

Pe aripile lor se țes povești

Care apoi, în zbor se vor roti

Căzând în rime și sincope

Peste orașul adormit.

Așa îmi pare c-am istorisit

Poveștile zglobii, cu tâlc:

Șoptite vorbe oaspeților mei,

Fulgii de nea, dintr-o cetate în exil.

Marama

Ninge cu fulgi de aramă.

Potolit și gri la nesfârșit.

Mi-ai dat ieri o maramă

Grijă să am să o port

Fără să se destrame.

Dar ninge cu fulgi de aramă.

Uitarea destramă gândurile pe rând

Urzite din fire de aramă. Mi-ai dat o maramă

Cu grijă s-o port să nu se destrame

Rânduri, rânduri, gândurile

Sub cerul de iarnă.

Doar când vor veni păsările,

Ochiului de soare sub sprânceană

Îmi voi destăinui gândurile.

Scoasă marama, va flutura spre rândurile

De păsări ce-aduc pe aripi primăvara.

Amnezie de februarie

Nu-şi mai aminteşte ziua de mine;

M-am trezit, m-am spălat, îmbrăcat şi alergat

În lumina ei gri, fără memorie.

Degete uriaşe de gheaţă m-au învârtit

Pe cărările ei zilnice.

Seara s-a lăsat,

Transparentă şi abea acum

Pot să străpung întunericul

Acestei zile fără de habar,

Rostind numele ei, rar,

Amintindu-mi de ea

Doar când rup foaia din calendar...

Din mirajele iernii

Sânt o făptură care pe frig

Nu atinge zăpada cărării,

Ci în căldura unui ou

Care mă învăluie-Aura,

Înaintez nepătrunsă de ger,

Neatingând scoarța pământului.

Cu aripi de oțel

Îmi feresc spatele de frig.

Strânse pe lângă trup,

Neauzit vibrând

Prin gerul amorțit.

Picură din stelele văzduhului

Cântece de adormit.

Eu trează sânt, dar ca-ntr-un vis

Înaintez, citind din mers

Tainele sufletului.

Lumea iluzorie a poeziei

Ecoul poeziei într-un castel de gheaţă

Sculptează nişte fanteziste şi măiastre,

Dantelării din suflete măreţe

Ce se avântă-n foc şi versul îl petrec

Prin el, un pas-nainte ca totul să îngheţe.

Aşa, ne-am plimbat încet prin biblioteca lumii poeziei,

Unde cu-n scrâşnet de bonfire sulptează-n zid poeţii

Arcade şi ferestre.Dar n-am văzut până la ieşire

C-acel castel nu e din lume,

Ci stă de sentinelă, glacial, pe lună.

Astfel, cu capul sprijinit pe-o tâmplă, sub lumina serii

Citim în foi uzate versete şi rondeluri

Şi ochiul minţii, undeva pe sus abate

Paşii mărunţi, la uşa castelului din lună şi din noapte.

Degeaba criticii se strâng pe-o carte

Ca să disece scrierea prin alte vorbe;

Nu ştii nicicând să scrii sau să citeşti poezii

Dacă nu ştii să visezi departe...

Cuprins

Listă de ilustrații

Cărți publicate de Eva Halus

la Editura Reflection Publishing

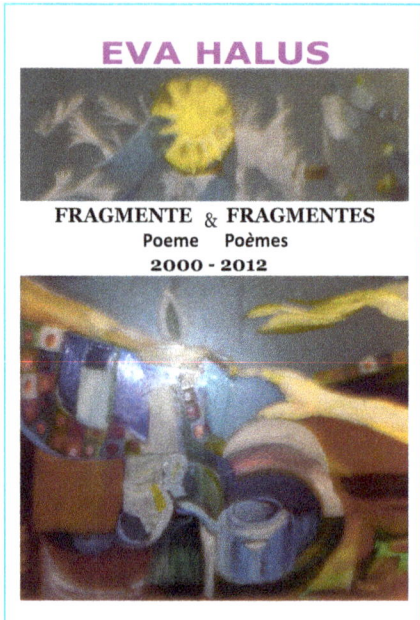

**Fragmente/Fragmentes
(Poeme/Poemes) 2000-2012
(Bilingvă: româna și engleză)**

ISBN-10: 193662916X
ISBN-13: 978-1936629169

Dimensiuni: 0.2 x 7.3 x 9.5 inches
Publicată de Reflection Publishing
pe 19 septembrie 2012.
Se cumpără online la Amazon.com,
Barnes and Noble

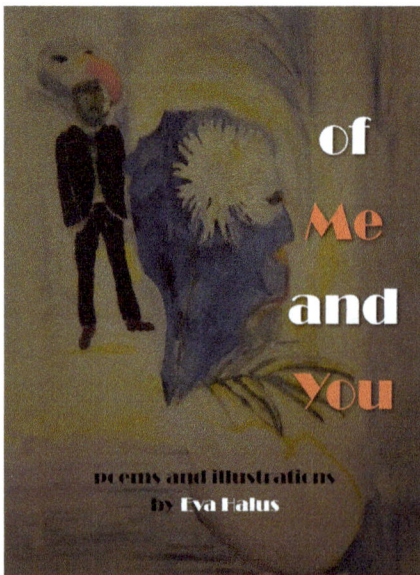

**Of Me and You (Poems 2010-2013)
(limba engleză)**

ISBN-10: 1936629321
ISBN-13: 978-1936629329

Dimensiuni: 7.4 x 0.2 x 9.7 inches
Publicată de Reflection Publishing
pe 6 ianuarie 2014.
Se cumpără online la Amazon.com,
Barnes and Noble